ワークで学ぶ

認知症の介護に携わる家族・介護者のためのストレス・ケア

認知行動療法のテクニック

田島美幸
藤澤大介
石川博康

はじめに

　平成28年高齢社会白書（内閣府）では，2025年には約700万人，65歳以上の高齢者の5人に1人が認知症患者になると推計しています。認知症患者の増加は，認知症の介護に携わるご家族の増加をも意味します。認知症の介護は長期に渡り，じわりじわりと介護者に負担がのし掛かります。介護者自身も高齢で，身体的にも経済的にも辛い状況に置かれることもあります。また，介護による離職など，生活スタイルの変化を迫られる場合もあります。

　私たちは，認知症の家族介護者に対して，認知行動療法を取り入れた心理的支援のあり方を検討してきました。現在，病院や地域包括支援センターでの集団プログラム，訪問看護師による在宅個人カウンセリングの研究を進めています。本書は，その中で作成したテキストを，多くの介護者に手に取っていただけるように改訂したものです。

　認知症の家族介護者との交流では，いくつもの印象的な場面に出会うことがあります。ある家族会で，「認知症の妻の介護は，私に与えられた『長い別れ』のための時間なのかもしれない」と語った男性介護者がいました。認知症をテーマにした中野量太監督の「長いお別れ」という映画に重ね合わせての発言でした。

　愛する配偶者や親の介護であっても，認知症の介護はストレスフルで，時に大きな負担を私たちに与えます。優しくしっかりしていたご家族が，次第に日常のことを自分で賄えなくなり，日々のちょっとした楽しさや喜びを分かち合えなくなる。そして，終いには，意思の疎通が図れなくなっていく……目の前にご家族の姿形はあっても，そのご家族との心理的な「お別れ」は始まっていきます。また，ご家族との間に何らかの葛藤を抱えている場合でも，ある日突然，自分が主たる介護者にならざるを得ないこともあります。認知症の介護は，ふたたび家族に向かい合い，

その家族との「お別れ」の準備を行うための時間といえるのかもしれません。

　本書を手にされた皆さまが，この本の中で紹介したスキルを試みられることで，日々の介護にこころの余裕を持って臨み，ご家族との大切な時間を丁寧に過ごせるようになることを願っています。

2019年8月　田島美幸

謝　辞

　本書の作成にあたって，多くの方々から多大なるご協力をいただきました。金剛出版の中村奈々さんには，何度も温かく励まし支えていただきました。藤名りんさんには，透明感のある癒される声でナレーションを吹き込んでいただきました。また，英国の START（STrAtegies for RelaTives）プログラムの翻訳にご協力くださった吉原美沙紀先生，藤里紘子先生，岩元健一郎先生，早坂佳津絵先生，小久保奈緒美先生には，本書の下支えをしていただきました。認知症の家族介護者研究の仲間である原祐子先生，重枝裕子先生，田村法子先生，色本涼先生，小平市地域包括支援センター中央センター（基幹型）の吉岡直美さんらには，家族介護者支援の取り組みから多くのことを学ばせていただきました。そして，長きに渡ってご指導くださいました大野裕先生，堀越勝先生にも深く感謝を申し上げます。どうもありがとうございました。

本書の構成・使い方

・本書は 10 のセッションから構成されています。1 週間に 1 セッションずつ読み進めると，約 2 カ月半で学び終えることができます。各セッションには，ご自身の介護を振り返るためのワークを用意しました。ワークシートに記入したり，ホームワークで新しい取り組みにチャレンジしながら進めましょう。

・リラクセーションとして，呼吸リラクセーション，イメージリラクセーション，ストレッチの 3 つの手法を紹介しています。どれも短時間で実施が可能です。ナレーションは，各ページの QR コードから，音声ダウンロードページにアクセスして聴くことができます。介護の空き時間を使って，リラクセーションを行ってみましょう。

・コラムでは，本書でご紹介したスキルの実施例を紹介しました。身近な体験談としてお読みいただけたらと思います。

目　次

はじめに ……………………………………………………………… 3

謝　辞 ………………………………………………………………… 5

本書の構成・使い方 ……………………………………………… 6

セッション 1　認知症に関する基礎知識 ……………………… 11

セッション 2　「困った行動」が起こる仕組み① ……………… 21

セッション 3　「困った行動」が起こる仕組み② ……………… 31

セッション 4　「きっかけ」と「反応」を変える ……………… 45

セッション 5　健康行動を増やす ……………………………… 59

セッション 6　ストレスを溜めやすい考え方 ………………… 67

セッション 7　バランスの取れた考えを探す ………………… 75

セッション 8　認知症のご家族とのコミュニケーション …… 85

セッション 9　周囲への援助の求め方〜アサーション〜 …… 91

セッション 10　これまでの振り返り …………………………… 99

資料　将来の計画を立てる上で必要な情報 …………………… 103

おわりに …………………………………………………………… 110

プログラムの3つの目的

1. 認知症に関する正しい知識の習得

　認知症の症状や治療法，介護を行う上で必要な知識を得て，心配ごとや不安なことにどのように対処すればよいかを考えます。

2. 問題行動に対する対処法を検討する

　認知症のご家族の困った行動（問題行動）が起こる仕組みを知り，その対処法や適切なコミュニケーションの方法を学びます。

3. 介護者のこころのケア

　こころの余裕を持って介護が行えるようになったり，ご自分の時間や楽しみを取り戻せるようになることを目指します。

ワークで学ぶ

認知症の介護に携わる
家族・介護者のためのストレス・ケア

認知行動療法のテクニック

セッション1
認知症に関する基礎知識

【このセッションで学ぶこと】

1. 認知症とは
2. 認知症の症状
3. 認知症の経過
4. 呼吸リラクセーション

1. 認知症とは

認知症とは，「**知的機能が持続的に低下し，複数の認知障害のために，社会生活に支障をきたすようになった状態**」のことをいいます。正常の加齢（老化現象）ではなく，「**脳の病気**」です。

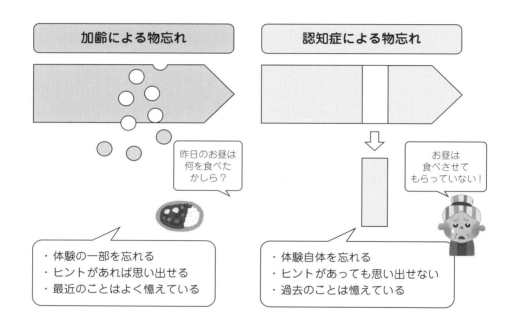

認知症の6割以上を占めるアルツハイマー型認知症は，βアミロイドというタンパク質が溜まって正常な細胞を変化させ，脳の萎縮が起こることが原因の一つとされています。

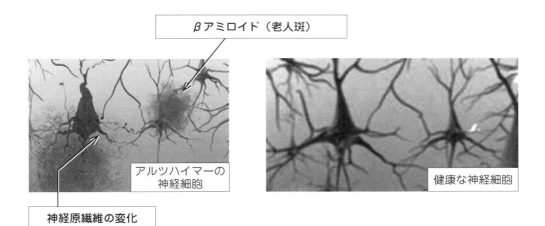

[出典]
アルツハイマー型認知症に対する早期診断―アミロイドマーカー［^{11}C］PIB による PET 検査について―湘南あつぎクリニック核医学・PET センター，脳神経外科　畑下鎮男先生，講演資料 https://slidesplayer.net/slide/11195073/

2. 認知症の症状

　認知症の主な症状には，記憶の障害（新しいことが憶えられない，最近のことが思い出せない），見当識の障害（時間や季節，場所などの感覚が失われる），遂行機能の障害（計画が立てられない，段取りがつけられない），失語（言葉が出てこない），失認（物を認識できない）・失行（道具が使えない）などがあります。

　また，妄想（物を盗まれたと言う），幻覚（実際にはないものが見える），ひとり歩き（外出して帰り道がわからなくなってしまう）などの周辺症状〈認知症の行動・心理症状（Behavioral and Psychological Symptoms of Dementia：BPSD）〉もあります。

下図に，認知症のご家族の症状に当てはまるものがありますか？

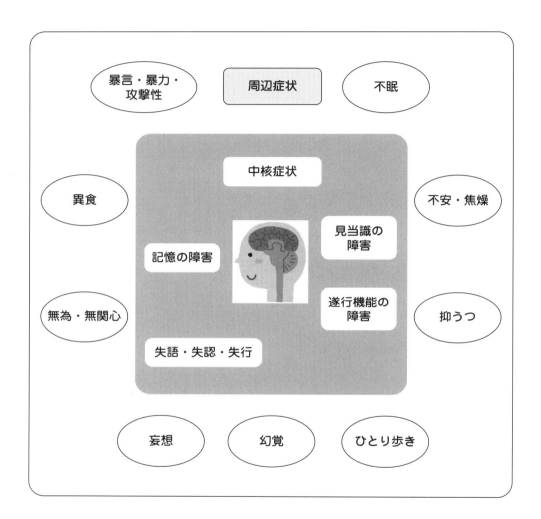

認知症にはさまざまなタイプがあり，それぞれの特性に応じた症状や見通しがあります。

認知症のさまざまな病型

アルツハイマー型認知症
・記憶障害
・判断能力の低下
・見当識障害
・BPSD症状　など

レビー小体型認知症
・幻視
・パーキンソン症状
・うつ症状や睡眠時の異常行動
・認識機能の変動　など

脳血管性認知症
・まだら認知症
・感情失禁
・BPSD症状　など

前頭側頭型認知症
・ルールを守ったり，他者に配慮できなくなる
・周囲の状況にかかわらず，自分の思った通りに行動する

認知症の治療では，認知症の進行を抑えたり，精神症状を和らげる薬物療法を用います。副作用は薬によって異なり，お薬の形状も飲み薬や貼り薬などがあります。主治医とよく相談しましょう。

また，糖尿病や高血圧，高脂血症などの生活習慣病の管理，適度な運動なども認知症を予防したり，リハビリに役立つといわれています。

3. 認知症の経過

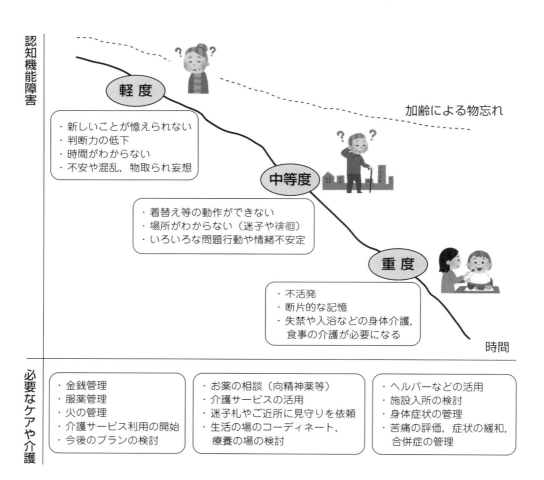

認知症の症状は，徐々に進行していきます。認知症の経過に応じて，ご本人の症状が変化したり，必要なケアや介護が異なります。

正しい知識を得ることで，今後に備えた対応を早めに検討することができます。

4. 呼吸リラクセーション

注）QRコードを読み込むと音声をダウンロードできます。

　このリラクセーションは，深く息を吸いながら体に力を入れ，息を吐きながら体の力を抜いていくリラクセーションです。

　始める前に，いまのストレス度をチェックしてみましょう。
　まったくストレスを感じていない状態を「1」，ものすごくストレスを感じている状態を「5」とした時，今のストレス度はどのくらいですか？

1	2	3	4	5
ストレスはない				かなりストレス

　それでは，呼吸リラクセーションを始めましょう。
　ストレスの時，呼吸は浅く速くなりがちです。このリラクセーションで，ゆっくりと落ち着いた呼吸をとり戻しましょう。

　はじめに，深く息を吸いながら体に力を入れていきましょう。
　あご，肩，腕に力を入れます。
　そのままの状態で息を止めます。
　息を吐きながら全身の力を抜いて，ダラリとさせます。

　もう一度深く息を吸って，肩と腕を緊張させながら，息を止めましょう。
　息を吐きながら全身の力を抜きます。
　『ゆったり〜』『リラックス〜』など，落ち着く言葉を心の中でつぶやいてみましょう。

深く息を吸って力をいれ，息を止めます。
息を吐きながら，ダラリと力を抜きます。

落ち着く言葉を心の中でつぶやきます。ゆったり〜。リラックス〜。
最後にもう一度，ご自分のペースでやってみてください。

リラクセーションをする前と比べて，いまのストレス度はどのくらいですか？
　まったくストレスを感じていない状態を「1」，ものすごくストレスを感じている状態を「5」とした時，今のストレス度を表してみてください。

1	2	3	4	5
ストレスはない				かなりストレス

次回までのホームワーク

呼吸リラクセーションを毎日，練習してみましょう。この方法が気分転換に役立つか試してみましょう。

セッション1　認知症に関する基礎知識　　19

やってみよう！【1-1】

認知症のご家族の介護を行う上で困っていることや心配ごとをリストアップしてみましょう。

---

1. 現在，困っていること

2. 将来の心配事

3. その他

　上記の困りごとを主治医，ケアマネジャー，訪問看護師の方など，医療福祉スタッフと共有してください。

　ご自身の周囲にいらっしゃる方に相談してみるのもいいでしょう。

博さんの場合（52歳）

　博さんは認知症の母の介護をしています。昼間は仕事、夜は実家で母の面倒をみています。仕事と介護の両立で、自分でも心身ともに疲弊しているのを感じます。目まぐるしく、毎日が過ぎていきます。

　呼吸リラクセーションの音源をダウンロードしてみた博さん。リラックス効果に関しては、未だに半信半疑でいます。「それでなくても忙しいのに、リラクセーションのための時間なんて取れないよ……」内心、そう思っていました。

　音声を流すと、穏やかな音楽に合わせて、優しくやわらかな女性のナレーションが耳に心地よく感じます。ナレーションに合わせて、息を吐きだします。そして、胸やお腹が膨らむまで、たっぷりと息を吸い込みます。

　こんなに自分の呼吸を意識したのは初めてです。「あぁ、自分は普段、ずいぶんと浅い呼吸をしていたのだな」と博さんは思いました。

　次は、自分の中のモヤモヤを吐く息にのせるようにして、フウーッと息を大きく吐き出しました。息を吸う時には、清々しい新鮮な空気と英気が、身体の中を巡るようなイメージをしてみました。

　何度も深く、丁寧に呼吸をするうちに、心の中に溜まっていた澱のようなものが、少しずつ流れていくような気がしました。職場での些細なトラブル、身体の疲れ、介護のストレス……そんなものが身体から染み出して、大きなうねりとなって流れていくような感じを味わいました。

　ナレーションが終わり、ゆっくりと瞼を開くと、なんだか周囲の景色がいつもよりも明るく、はっきりと見えます。ぐっすりと眠った後のように、頭がすっきりとしています。

　時計に目をやると、まだ5分しか経っていませんでした。時間の流れがゆったりとしているように感じます。たった5分でこんなにリフレッシュできるのであれば、明日も少し試してみようかなと思いました。寝る前に、布団の中でリラクセーションをしたら、久しぶりに深い眠りにつけるだろうか、そんなことを考えました。

セッション2
「困った行動」が起こる仕組み①

【このセッションで学ぶこと】

1. 認知症のご家族の行動を理解しよう
2. 気分と行動のつながり
3. 認知症の症状や機能低下との関連
4. きっかけ - 行動 - 反応
5. きっかけとなった原因を振り返る

1. 認知症のご家族の行動を理解しよう

記憶障害によって生じる行動の変化には，以下のようなものがあります。

- 同じことを繰り返し尋ねる
- 物をしまった場所を忘れた時，他者を「泥棒」呼ばわりする
- ひとり歩きをする
- 人前で困ったことを言ったり，困った振る舞いをする　など

これらの行動が起こると，私たち介護者はイライラしたり，「どう対処したらよいかわからない」と感じるかもしれません。これらの行動は，脳の変化によるもので，本人が故意に行っているわけではないことを理解しましょう。

セッション2 「困った行動」が起こる仕組み① 　23

やってみよう！【2-1】

認知症のご家族の行動で，困っていることはありますか？
具体的にどのような行動なのか，リストアップしてみましょう。

2. 気分と行動のつながり

認知症のＡ男さんの例をみてみましょう。

> 認知症のＡ男さんは妻に「何をしているんだい？」と尋ねました。妻は「皿洗いをしているのよ」と答えました。5分後，Ａ男さんは同じ質問をしました。妻は「皿洗いよ」と答えました。
> しばらくして，Ａ男さんはまた同じ質問を繰り返しました。妻はイライラして，「今，言ったでしょ！　皿洗いをしているのよ。同じ質問をするのは止めて！」と怒鳴りました。
> しばらくして，Ａ男さんは，また同じことを尋ねました。妻はイライラと同時に，無力感を感じました。

このようなことがあると，イライラしたり悲しくなってしまいますね。こんな時には，「困った行動」がなぜ起きるのかを冷静に分析してみましょう。

「同じことを何度も尋ねる」というＡ男さんの行動は，「心細い」という気分が関連していたのかもしれません。このように，「行動」は「気分」と密接に関連しています。

困った行動が起きた時，認知症のご家族自身がどのような気分でいるかを想像してみましょう。寂しい，不安，心配，孤独，うつ，退屈などの気分が，行動に影響している可能性があります。

セッション 2 「困った行動」が起こる仕組み① 　　25

やってみよう！【2-2】

23 ページでリストアップした認知症のご家族の困っている行動から 1 つ選び，ワークシートに記入していきましょう。

・困っている行動を「認知症のご家族がとった行動（困った行動）」の欄に記入していきましょう。

・その時の認知症のご家族の気分を想像して，「認知症のご家族が感じていた気分」の欄に記入していきましょう。

きっかけ	認知症のご家族が感じていた気分	認知症のご家族がとった行動（困った行動）
【例】 ・手持ちぶさたであった ・耳が遠くて家族の会話に入れない	【例】 心細さ	【例】 同じことを何度も尋ねる

3. 認知症の症状や機能低下の影響

　認知症のご家族の困った行動は，認知症の症状やさまざまな機能低下の影響を受けている可能性もあります。

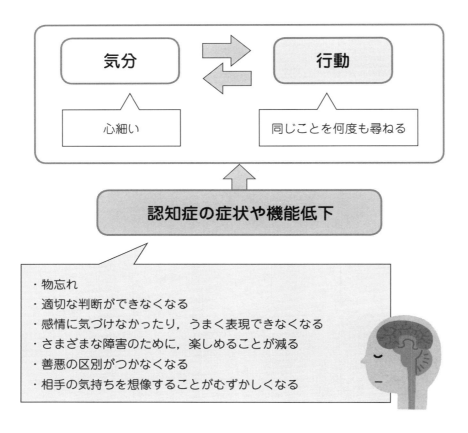

　困った行動が，医学的な問題が原因で起きているわけではないことをまず確認しておきましょう。思い当たることがあったら，主治医と相談しましょう。

① 健康状態（例：尿路感染症，便秘，痛み，発熱等）
② 薬の副作用
③ 感覚の機能障害（例：難聴，視力の低下等）

4. きっかけ – 行動 – 反応

　困った行動が起きた時，「きっかけ－行動－反応」の連鎖として，その行動を捉えることは役に立ちます。

　行動自体を変えることができなくても，その行動が起きた「**きっかけ**」や，その行動の後の私たちの「**反応**」を変えることで，困った行動が起こる頻度を減らしたり，新たな対処法が見つかるかもしれません。

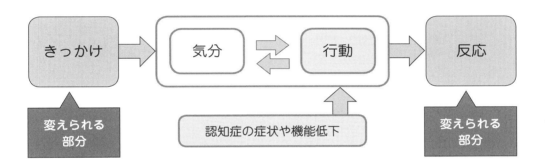

5.「きっかけ」となった原因を振り返る

　A男さんの困った行動は何がきっかけで起きたのか，その原因を振り返ってみましょう。もしかしたら，やることがなくて手持ちぶさたで，心細かったのかもしれません。また，耳が遠いために，傍で話している家族の会話がよく聞こえずに，会話に入れなかったことが，心細い気持ちにつながったのかもしれません。

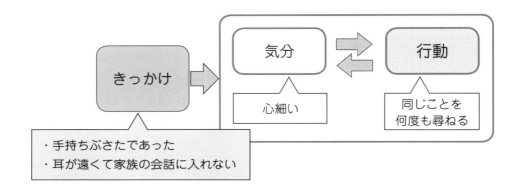

　「きっかけ」とは，その行動の前に起こります。「きっかけ」を探す際には，次ページの項目を振り返ることが役立ちます。

セッション2 「困った行動」が起こる仕組み①　　29

「きっかけ」を振り返る際のポイント

- 困った行動が起こりやすい時間帯や状況はありませんか？
- 周囲の様子はどのようでしたか？
  （静か／騒がしい，一人でいる／誰かと一緒にいる等）
- その時，何が起きていましたか？
  （服を着替えさせようとしていた，薬を飲ませようとしていた等）
- その時，本人はどの程度ストレスを感じていたでしょうか？
  （入浴を嫌がっていた，慣れないスタッフが介助をしていて嫌そうだった等）
- 本人の体調はどうでしたか？（空腹，喉の渇き，トイレ，痛み等）

やってみよう！【2-3】

- 認知症のご家族の困った行動は、何がきっかけで起きたのか、
  ワークシート（25ページ）の「きっかけ」の欄に記入してみましょう。

次回までのホームワーク

・認知症のご家族の困っている行動を取り上げて，「困った行動」，「その時の気分」，「きっかけ」を振り返り，もう一枚ワークシートを作成してみましょう。
・呼吸リラクセーションを毎日，練習してみましょう。この方法が気分転換に役立つか試してみましょう。

きっかけ	認知症のご家族が感じていた気分	認知症のご家族がとった行動（困った行動）
例 ・手持ちぶさたであった ・耳が遠くて家族の会話に入れない	例 心細い	例 同じことを何度も尋ねる

セッション3
「困った行動」が起こる仕組み②

【このセッションで学ぶこと】

1. 困った行動が起きた後の「反応」を振り返る
2. 介護者のストレス
3. ストレスの程度を評価する
4. イメージリラクセーション

1. 困った行動が起きた後の「反応」を振り返る

認知症のB子さんの例を見てみましょう。

> 午前3時頃,認知症のB子さんは家中を歩き回り,介護者である娘さんを起こしました。娘さんは困惑し,「お母さん,ベッドに戻って。まだ3時よ。私は明日,仕事なの」と言うと,B子さんは,「眠くないの。今日は病院に行く日でしょ？ 早く,準備しなくては」と言いました。娘さんが「もう,いい加減にして！」と叫ぶと,B子さんはシクシクと泣き出しました。

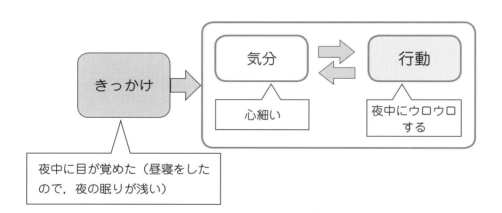

B子さんが,**夜中にウロウロと歩き回る**という「行動」は,**心細い**という「気分」が関連しているのかもしれません。また,**昼寝をし過ぎて,夜の眠りが浅く,夜中に目が覚めてしまう**ことが,この行動の「きっかけ」になっている可能性があります。

では,次に,B子さんの困った行動の後,娘さんがどのように「**反応**」したかを見ていきましょう。

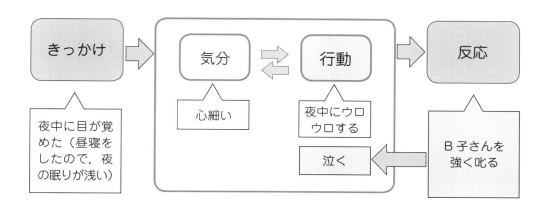

　娘さんは，B子さんに寝るように伝えましたが，理解できない様子に徐々にイライラして，**B子さんを強く叱る**という「反応」を示しました。B子さんはその場でシクシクと泣き出すという「行動」をとりました。

　認知症のご家族の困った行動は，認知症の症状や機能低下が関連している場合もあり，行動自体を変えることはむずかしいこともあります。あなたが介護者としてコントロールできるのは，「**きっかけ**」と「**反応**」の部分です。

　困った行動が起きる「**きっかけ**」を変えられない場合には，その行動に対して，私たちの「**反応**」の仕方を変えることで，その状況を改善できるかもしれません。まずは，自分がどのように反応しているかを観察してみましょう。

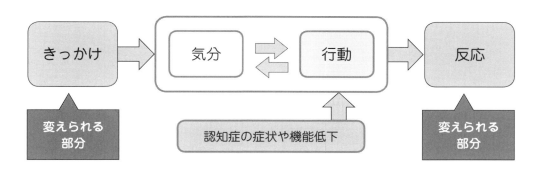

やってみよう！【3-1】

セッション2のホームワークで作成した表を眺めてみましょう。認知症のご家族の困った行動が起きた後，自分がどのように「反応」したか振り返ってワークシートに記入してみましょう。

きっかけ	認知症のご家族の		あなたの反応
	気分	行動	
㋑ 夜中に目が覚めた（昼寝をしたので，夜の眠りが浅い）	㋑ 心細い	㋑ ・夜中にウロウロする ・泣く	㋑ B子さんを強く叱る

2. 介護者のストレス

介護が長期化すると，身体的・感情的に消耗してしまうことがあります。介護者の多くは，下記のようなストレスを感じているといわれています。

【心理的ストレス】
- 大切な人の「その人らしさ」が失われていく寂しさ，喪失感
- 初めてのことに直面することへの戸惑い
- 社会的交流の減少，孤独感
- 刻々と状況が変化する先行きの見えなさ，不安

【身体的ストレス】
- 身体的疲労
- 睡眠不足
- 腰痛，肘・膝の痛み
- 休息がとれない
- 具合が悪いのに病院に行く時間がとれない

【経済的ストレス】
- 介護による離職・休職
- 介護費用の増大

【時間的ストレス】
- 自分の時間がとれない
- したいことができない

【ストレスの影響】
精神症状；落ち込み，不安，心配，イライラ，涙もろくなる，自信の喪失，意欲の低下，対処能力の低下……
身体症状；食欲不振，睡眠障害，疲労感や倦怠感，動悸，焦燥感，神経過敏，緊張……

ストレスはあなたの健康やウェルビーイング（幸福感）に影響を与えます。そのため，あなた自身の身体的，精神的な健康に留意することはとても重要です。

3. ストレスの程度を評価する

　自分自身にどのようなストレスが生じているのかを知ることはとても大切なことです。ここ1〜2週間のストレスは，どの程度でしょうか？　数値化して捉えると変化が見えやすくなります。

1	2	3	4	5	6	7	8	9
ストレスはない				まぁまぁストレス				かなりストレス

やってみよう！

・前ページのストレスの一覧表（心理的，身体的，経済的，時間的）を見てみましょう。自分に当てはまるストレスはありますか？
・精神症状，身体症状として，ストレスの影響が現れていますか？　当てはまる症状はありますか？
・現在のストレスの程度を1〜9で表してみましょう。

4. イメージリラクセーション

注）QRコードを読み込むと音声をダウンロードできます。

　このリラクセーションを行うことで，少しの間，日常の心配事から離れることができます。一人になれる，静かな場所で行いましょう。

　始める前に，いまのストレス度をチェックしてみましょう。
　まったくストレスを感じていない状態を「1」，ものすごくストレスを感じている状態を「5」としたとき，いまのストレス度はどのくらいですか？

1	2	3	4	5

ストレスは
ない

かなり
ストレス

　それでは，イメージ・リラクセーションを始めましょう。
　始めに，楽な姿勢をとりましょう。
　イスの場合は，ゆったりとイスにもたれます。床に仰向けに寝てもかまいません。

　目を閉じて，深く息を吸い込みましょう。
　しばらく息を止めてから，ゆっくりと吐き出しましょう。

気分がリラックスしていきます。

もう一度深く息を吸って，息を止めます。
胸のひろがりを感じたら，息を吐きます。

からだの力が抜けて，ぬいぐるみのように柔らかくなります。
リラックスした心地よい波が，からだの中を通り抜けるのを感じます。

からだ全体が気持ちよくリラックスしていきます。
腕や手，首や肩，頭や顔の筋肉もリラックスしていきます。

呼吸は自然に，ご自分のペースで行いましょう。

少しずつ胸の筋肉が緩んで，リラックスしていくのを感じます。
リラックスの波が，からだ全体に拡がっていくのを感じます。

お腹，背中，腰や太もも，……
太ももから膝，そして足首へとリラックスの波が拡がります。
リラックスの波はからだ中に拡がって，すべての細胞に染みわたります。

もう既にリラックスしているかもしれませんが，さらに深く，リラックスしていきます。

リラックスしていても，意識はしっかりしていて，私の声が聴こえています。
ゆっくりと呼吸し，からだがほぐれて，リラックスしているのを感じます。

ここで，大きなドアを開けようとしている自分をイメージしましょう。

ゆっくりとドアを開けます。
すると，あなたは違う場所にいることに気づきます。

のどかで静かな草原です。
草原に足を踏み出します。

小さな小川が流れています。

小川のほとりには背の高い木があり，日陰を作っています。

あなたがそこにいる姿をイメージしましょう。
あなたは今，この川辺に座っています。
木の幹に寄りかかって座り，ゆったりと休んでいます。

青空や白い雲に気づきます。
キラキラとしたお日様に気づきます。
日差しの暖かさを感じます。

水面（みなも）に光が反射しています。
美しく，心地よく，平和な日です。
空気は澄みわたり，鳥のさえずりや川を流れる水の音に気づきます。
ここはとても平和で，のどかです。

もう少し，小川に近づいてみましょう。

澄んだ冷たい水が流れています。

どこから水が流れてきて，どこへ流れていくのか，想像してみましょう。

川上から，大きな葉っぱが流れてくるのに気づきます。

葉っぱは，だんだんとあなたが座っている場所に近づいてきます。

葉っぱがあなたの前までやってきました。

心配事や不快な気持ちを，すべてこの葉っぱに乗せます。

悩みや心配事も，すべてこの葉っぱに乗せます。

葉っぱは川下へ流れていき，遠く，離れていきます。

すべての不快な感情や心配事を運んでいきます。

葉っぱは，さらに，さらに遠くへ流れていきます。

葉っぱが流れていく様子を眺めましょう。

葉っぱが完全に見えなくなったら，これまで感じたことのない，安らかな気持ちに包まれます。

これまでよりも，ずっとリラックスした，心地よい気持ちに包まれます。

深いリラックスに包まれて，からだのすべての部分が，元気に，健康的に動き出します。

幸せな気持ちがあなたを満たします。

エネルギーや活力が，からだにみなぎります。

あなたが望むなら，いつでも，この安らかな場所に帰ってこられることを覚えていてください。

少しずつ，この特別な場所から離れる準備を始めましょう。

楽しい気持ちや感覚を思い起こします。

今から私が３，２，１と数えたら，ゆっくりと現実の世界へと戻ってきます。
１に近づくにつれて，目が冴え，リフレッシュして心地よくなります。

３．目を覚ましましょう。
２．リフレッシュした心地よさを感じましょう。
１．目を開いて，今いる部屋に意識を戻します。

イメージ・リラクセーションをする前と比べて，いまのストレス度はどのくらいですか？
まったくストレスを感じていない状態を「１」，ものすごくストレスを感じている状態を「５」とした時，いまのストレス度を表してみてください。

1	2	3	4	5

ストレスは
ない

かなり
ストレス

セッション3 「困った行動」が起こる仕組み② 43

次回までのホームワーク

・認知症のご家族の「困った行動」が起きた際に、自分がどのように「反応」したかを観察してワークシートに記入してみましょう。
・イメージリラクセーションを毎日、練習してみましょう。この方法が気分転換に役立つか試してみましょう。

きっかけ	認知症のご家族の	あなたの反応
	気分	行動	
例 夜中に目が覚めた (昼寝をしたので，夜の眠りが浅い)	例 心細い	例 ・夜中にウロウロする ・泣く	例 B子さんを強く叱る

セッション 4
「きっかけ」と「反応」を変える

【このセッションで学ぶこと】

1. 変えられる部分と変えられない部分
2. 「きっかけ」を変える
3. 「反応」を変える
4. 望ましい行動を強化する
5. ストレッチ

1. 変えられる部分と変えられない部分

もう一度，B子さんの例を見てみましょう。

> 午前3時頃，認知症のB子さんは家中を歩き回り，介護者である娘さんを起こしました。娘さんは困惑し，「お母さん，ベッドに戻って。まだ3時よ。私は明日，仕事なの。」と言うと，B子さんは，「眠くないの。今日は病院に行く日でしょ？ 早く，準備しなくては」と言いました。娘さんが「もう，いい加減にして！」と叫ぶと，B子さんはシクシクと泣き出しました。

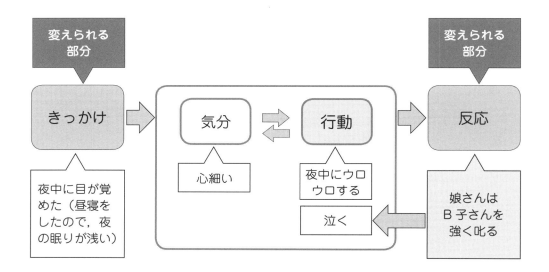

B子さんの困った行動は，認知症の症状や機能低下が影響していることもあり，行動自体を変えることがむずかしい場合もあります。しかし，その行動が起こる**「きっかけ」**を取り除くこと，その行動に対する**「反応」**を変えることは，娘さんが工夫できる部分です。

2.「きっかけ」を変える

　午前3時にB子さんがウロウロと歩き回らないようにするために，工夫できることがないか考えてみましょう。まずはB子さんが歩き回る「きっかけ」を変える方法を探してみましょう。

きっかけを変える

・眠れない原因が医学的なこと（例：尿路感染症，痛み）に関連していないか，主治医に相談する。

【医学的問題がなければ……】
・B子さんを長時間昼寝をさせないように，日中の活動の計画を立てる。
・B子さんに運動を促す（例：ウォーキング，ストレッチ）。
・昼食を過ぎたら，コーヒーなどのカフェインをとらせないようにする。
・睡眠を改善する。
・薬の使用について主治医と相談する。

3.「反応」を変える

　次に，B子さんの困った行動の後に娘さんが取った「反応」を変える方法を見てみましょう。

反応を変える

・「外は暗く，寝る時間である」ことをB子さんに優しく伝える。
・手を取り，ベッドに連れて行く。
・穏やかな音楽をかけたり，B子さんがリラックスできることをする。
・「落ち着いて取り組もう。本来の目的（B子さんを寝かせること）に意識を向けよう」と自分に言い聞かせる（感情的にならずに，問題解決の方法を探すことができる）。

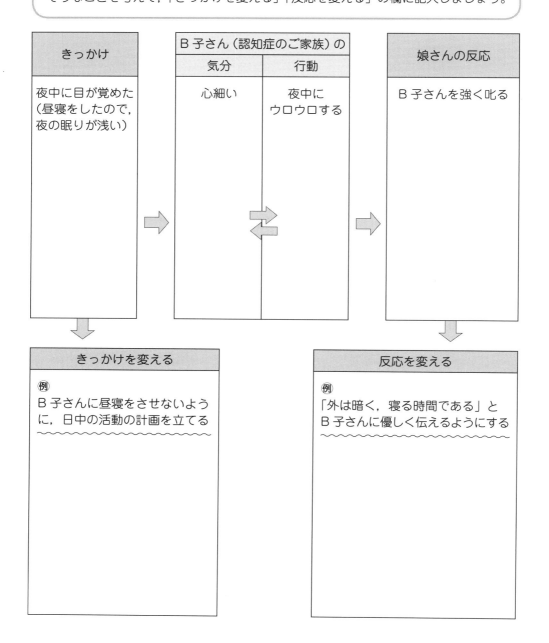

春子さんの場合（74歳）

　春子さんは認知症の夫の介護をしています。最近，夫の後にトイレに入ると，床が汚れていることが多くなりました。「あら，また汚れている」と思うものの，本人を傷つけないようにと，春子さんは黙って掃除をします。しかし，最近はあまりにその頻度が高いので，正直うんざりしてため息が出ます。「夫はこんなこともできなくなってしまった」と思うと，悲しくなって，掃除をしながら涙が出てしまうこともあります。

　先日，トイレが汚れているのに気がついた際に，ついカッとなって強い口調で夫を注意しました。すると，以降，夫は汚れ物を拭いたタオルを洗濯機や洗濯物カゴの中に隠すようになってしまいました。不衛生ですし，かえって手間がかかってしまいます。

　そこで春子さんは，「夫がトイレを汚してしまう」という行動を取り上げて，その行動の「きっかけ」と「対応」を検討することにしました。まるで名探偵のように，研究者のように，冷静にその時の状況を振り返って仮説を立ててみることにしました。

　春子さんがトイレの汚れに気づくのは明け方が多いため，「きっと夫が夜中にトイレに行く時に失敗をしてしまうのだろう」と考えました。また，「夜は寝ぼけているし，廊下も暗いため，トイレの場所が分からず迷っているうちに，間に合わなくなってしまうのかもしれない」と思いました。

　そこで春子さんは，夜中はトイレの電気をつけっ放しにして，扉を開けておくことにしました。トイレが丸見えにならないように，素敵な暖簾を下げて，ほかの家族も気持ちよく過ごせるように工夫してみることにしました。

　また，夫は「失敗してしまった」という自覚はあるようなので，春子さんが強く叱ると，かえって失敗を隠そうとして悪循環になることに気づきました。そのため，「トイレが汚れていても，あえて騒ぎ立てないようにしてみよう」と決めました。その代わりに，就寝前に水分を取る時間を少し早めて，トイレを済ませてから夫が眠りにつけるように調整してみることにしました。

　自分の立てた仮説が合っているか，1週間試して様子を見ることにしました。寝る前に「さて，今晩はどうなるかな？」と考えて，ちょっとワクワクしている自分に気づき，春子さんは自分でも可笑しくなりました。

　実際に夫がトイレを汚してしまう頻度は格段に減り，春子さんはびっくりしました。また，「ちょっとした工夫で，夫も自分も気持ちよく過ごすことができるのだ」と知って，もう少し夫と一緒にがんばってみようと思うのでした。

4．望ましい行動を強化する

　介護をしていると，ポジティブなことよりもネガティブなことに注意が向きがちです。しかし，うまくできていることに気づいて，ポジティブな反応を示すことが大切です。このことは，望ましい行動を増やす報酬のような働きをします。

報酬の例

- ご家族が好むことを行う（注意や関心を向ける，微笑み返す，ご本人の好きなものをあげる）
- ポジティブな言葉をかける，できたことを言葉で伝える（褒める）
- 優しく振る舞う，やろうとしていることに手を貸す，ボディタッチをする（優しく手を握ったり，触れたりする）

望ましい行動に対してポジティブな反応を示す際のポイント

- 望ましい行動のすぐ後に，上記のようなポジティブな反応を示す
- 望ましい行動が起きるたびに，ポジティブな反応を示す
- 認知症のご家族が好み，喜ぶことを行う
- 望ましい行動が起きていない時には，ポジティブな反応は示さない

　ご家族が困った行動を取った時には，報酬を与えないようにしましょう。困った行動が起こると，つい私たちは動揺して，しきりとご本人に話しかけたり，注意を向けたりしがちです。しかし，それでは「困った行動」と「あなたの注意や関心を向ける」ことを関連づけて学習してしまいます。

　そのため，ご家族の困った行動が起きた時には，必要以上に，関心を示し過ぎないように注意しましょう。そして，望ましい行動が起きた時にこそ，一緒に喜び，話しかけて共有するようにしましょう。

困った行動が起きた時に関心を示さないことは，簡単ではなく，「かわいそう」と感じるかもしれません。しかし，これは問題行動を減らすために有効な方略の1つです。

5. ストレッチ

注）QRコードを読み込むと音声をダウンロードできます。

　ストレッチは，緊張やストレスを和らげるのにとても効果的で，いつでもどこでもできる，便利なリラクセーション法です。自分が「心地よい」と感じるストレッチを行いましょう。不快な感じをおぼえたら，ストレッチは止めてください。

　始める前に，いまのストレス度をチェックしてみましょう。
　まったくストレスを感じていない状態を「1」，ものすごくストレスを感じている状態を「5」とした時，いまのストレス度はどのくらいですか？

1	2	3	4	5
ストレスはない				かなりストレス

それでは、ストレッチを始めましょう。

立ちながらでも、イスに座わりながらでも構いません。

あなたが一番心地良いと感じる方法で行ってください。

深く息を吸い込みましょう。お腹の底まで深く吸い込んで、静かに吐き出しましょう。

身体から緊張が流れ出ていくのを感じましょう。

もう一回息を吸って、少し息を止めましょう。そして、ゆっくりと吐き出しましょう。

呼吸をするたびに、どんどんリラックスしていきます。

今度は，両腕を横に伸ばします。両側に壁があり，壁を触ろうとするように，両腕をゆっくりと横に伸ばしましょう。

肩の位置を少し下げて，更に両腕を伸ばしてみましょう。左右の肩甲骨の間がギューッと縮まるのを感じましょう。

ゆっくりと，腕を前に移動させましょう。左右の肩甲骨の間が開くのを感じましょう。

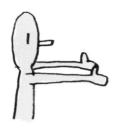

もう少し前に伸ばしましょう。

もう一度，腕を横に伸ばしましょう。壁に触ろうとするように伸ばしましょう。

腕を両側に下ろしましょう。背中と肩の緊張が緩んで，柔らかくなっていくのを感じましょう。

今度は，空に向かって腕を伸ばしましょう。

できるだけ高く伸ばしましょう。太陽に届くように腕を伸ばしましょう。
腕を両側に下ろしましょう。

次に肩を回します。後ろ回しにしましょう。緊張が体から流れ出ていくのを感じます。

もう一度、肩を後ろに回しましょう。
もう一回、肩を後ろに回しましょう。

今度は前に回しましょう。
もう一度、前に回しましょう。
もう一回、前に回しましょう。

今度は肩をすくめて、両耳に近づけてみましょう。

ダランと下ろしましょう。

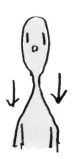

もう一度，肩をすくめましょう。
ダランと下ろしましょう。

もう一度，肩をすくめましょう。
ダランと下ろしましょう。

深く息を吸い込み，そして，息を吐いて，体の緊張をすべて吐き出しましょう。
もう一回吸って，また吐きます。

体の中の緊張をすべて手放して，このセッションは終了です。
始める前よりリラックスしていますか？　まだリラックスできていないようでならば，もう一度やってみても良いでしょう。

ストレッチをする前と比べて，いまのストレス度はどのくらいですか？
　まったくストレスを感じていない状態を「1」，ものすごくストレスを感じている状態を「5」とした時，いまのストレス度を表してみてください。

1	2	3	4	5
ストレスはない				かなりストレス

セッション4 「きっかけ」と「反応」を変える 57

> 次回までのホームワーク
>
> ・認知症のご家族の「困った行動」が起きた際のことをワークシートに記入してみましょう。
> ・今日学んだ「きっかけ」と「反応」を変える方法を試してみましょう。そして，認知症のご家族の「行動」が変わるかどうか，観察してみましょう。
> ・ストレッチを毎日，練習してみましょう。この方法が気分転換に役立つか試してみましょう。

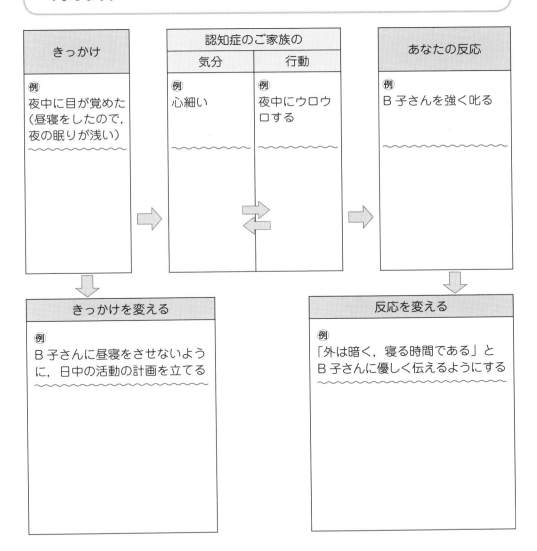

セッション5
健康行動を増やす

【このセッションで学ぶこと】

1. 行動と気分の関連
2. 健康行動を増やす
3. 健康行動の見つけ方
4. 健康行動のリストを作る
5. 気分をモニタリングする

1. 行動と気分の関連

1日の中で，私たちが自由に使える時間はある程度決まっています。その時間をどのように使うかによって，その日の気分が変わってきます。

私たちの行動には，「健康行動」と「うつ行動」があります。

健康行動	うつ行動
私たちが元気な時に，自然に行っている行動や習慣 ・楽しめる行動 ・達成感を感じられる行動 ・短期的にはつらいが，長期的には自分のためになる行動 （例） ・趣味のことをする ・掃除や後片付け ・人と話す	気持ちが沈んでいる時に，行いやすい行動や習慣 ・面倒なことを回避する行動 ・短期的にはラクだが，長期的にはつらくなる行動 （例） ・テレビをボッーと眺める ・つい横になって過ごす ・一人で悶々と悩む

「健康行動」が増えれば，私たちの気持ちは前向きに元気になり，「うつ行動」が増えると，気持ちが滅入ったり，落ち込みやすくなります。

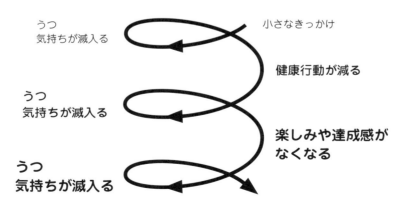

2. 健康行動を増やす

介護者が健康行動（楽しめる活動や達成感を感じる活動）を増やすことはとても大切です。これらの行動の時間を増やすことで、ストレスが軽減し、リフレッシュした気持ちで介護にのぞむことができるからです。

「健康活動」を行う際には、長い時間をかけなくてもいいし、大がかりな計画を立てる必要もありません。新聞を読んだり、気晴らしにコーヒーを飲んだり、ガーデニングをしたり、友達と話したりすることすべてが健康行動になります。

3. 健康行動の見つけ方

何をしている時に楽しいと感じるのか、どういう時に達成感を感じるのかは、人によって違います。自分の健康行動を探してみましょう。

- 気分がよくなったり、気持ちが軽くなる行動や活動はありますか？
- 時間があると、気がついたら行っている行動や活動はありますか？
- 最近はあまり行っていないが、以前は楽しめたり、達成感を感じていた行動や活動はありますか？
- もともと得意だったことは？　自慢できることは？

4. 健康行動のリストを作る

健康活動は、自分一人でできるもの、認知症のご家族と一緒にできるものを考えてみましょう。二人で近所を散歩する、美味しいお茶菓子を食べて一息つくなど、ちょっとしたお互いの団らんを楽しみましょう。

やってみよう！【5-1】

以下のリストを見て，ご家族と一緒にできそうな健康行動と，ご自分でできそうな健康行動にチェックをつけましょう。

活動	自分で	自分とご家族で
音楽を聴く		
買い物に行く		
散歩に行く		
本，新聞，雑誌を読む		
友人や家族と一緒に食事やお茶に出かける		
料理やお菓子を作る		
手紙やメッセージカードなどを書く		
絵を描く，工芸品（陶芸など）を作る		
運動する（例．ジョギング，ヨガ，サイクリング）		
映画館に行く，映画を見る		
ドライブに行く		
公園へピクニックに行く		
友達を家に呼ぶ		
ガーデニング／日曜大工		
子ども／孫と一緒に過ごす		
ラジオを聴く		
好きなテレビ番組を見る		
動物やペットと一緒に過ごす		

セッション5　健康行動を増やす

活動	自分で	自分とご家族で
写真を見る		
礼拝，お参りに行く		
スポーツを観戦する		
楽しかった出来事を思い出したり，話したりする		
ダンスをする		
のんびりとお風呂に入る		
友人や家族と電話でおしゃべりする		
パソコンやインターネットをして過ごす		
トランプ，ゲーム，クロスワード，パズルをする		
家族のこと，最近の出来事について話す		
惣菜やお弁当，テイクアウトを利用する		
美容院やネイルサロンに行く		
マッサージを受ける		
ビールやワインを飲む		
その他の活動：		
その他の活動：		
その他の活動：		
その他の活動：		

※このような健康行動を，毎日2〜3つ行うと，気分が大きく変化していくでしょう。

5. 気分をモニタリングする

　健康行動が自分に与える変化を理解するために，気分の記録をつけてみましょう。「今日どんな気分かな？」と自分自身に尋ねてみましょう。

　健康行動を行う前と後では，気分が変化するでしょうか？

> **やってみよう！【5-2】**
>
> 実行したい健康行動（自分でできる健康行動／ご家族と一緒に行う行動）をリストアップしてみましょう。

実行したい健康行動	
自分でできる健康行動	ご家族と一緒に行う健康行動
例 カラオケに行く	例 近所の散歩
①	①
②	②
③	③
④	④

セッション5 健康行動を増やす　65

> 次回までのホームワーク
> ・一日の終わりに，「健康行動シート」に実際に行った健康行動を記入しましょう。
> ・健康行動を行った時の気分を1～9で評価して記入しましょう。
> ・健康行動を行った後の感想やコメントを記入しましょう。

【健康行動シート】

日付	その日に選んだ活動内容（①～④）を記入しましょう。		気分の評価（1～9）	感想
	自分でできる健康行動	ご家族と一緒に行う健康行動		
例 4/2	カラオケに行く	近所の散歩	6	天気が良かったので，久々に外出して気持ちがよかった

和江さんの場合（76歳）

　夫が認知症の診断を受けてから，もう5年になります。徐々に夫の物忘れがひどくなり，和江さんは夫を1人家に残して外出することが心配になってきました。趣味のサークルも習い事も少しずつ辞めて，とうとう今春には大好きだった絵画教室も退会してしまいました。

　覚悟はしていたものの，家にばかりいる生活は息が詰まります。誰とも会話らしい会話をせずに1日が過ぎていくと，なんだか虚しい気分になります。退会した際には，「絵は自宅で一人でも描けるから」と思っていましたが，実際には趣味を楽しもうという心の余裕すらなく，一度も絵筆を手にしていません。「あなたのせいで，私の自由はなくなってしまった」と夫に対して恨めしい気持ちになり，一方で，そう感じている自分に嫌気がさします。

　「行動から気分を変える」という行動活性化の考え方は，ある意味，新鮮でした。と同時に，そんなことで本当に気分が変わるのだろうか……と疑問も感じていました。とはいうものの，ひとまず，リストに書き出した健康行動の一つである「友人にメールを入れる」ことを試してみました。

　絵画教室で仲の良かった佐藤さんに，「久しぶり，お元気ですか？」と短いメールを送りました。すると，すぐに返事がきました。「教室を辞められてから，どうされているかな？と思っていました。もしよかったら，近いうちにお会いしませんか？」和江さんは，そのメールを読んだだけで，心に光が差し込んだように感じました。

　数日後，近くの喫茶店で，久しぶりに佐藤さんとお茶をしました。夫をデイサービスに送り出している間の，つかの間の外出です。仲間の近況から始まり，日々の介護のことまで話題は尽きません。たわいのないことをいろいろとおしゃべりしました。佐藤さんも認知症の義母の介護をしていたので，いろいろと分かち合える気がして，2時間すっかり話し込んでしまいました。

　自転車に乗って家に帰る途中，「私，久しぶりに笑ったな」と思いました。こんな短時間でも気持ちがラクになるなんて，不思議だなと思いました。そして，暗い顔をして夫と毎日向き合っているよりも，上手に気分転換をしながら気持ちよく介護をした方が，お互いのためかもしれないなと考えました。

セッション６
ストレスを溜めやすい考え方

【このセッションで学ぶこと】

1. 「感情」と「考え」の関連
2. 思考記録表：３つのコラム
3. 考え方のクセ

1.「感情」と「考え」の関連

C子さんの例を見てみましょう。

> C子さんは，90歳の母の介護をしています。
>
> ある日，C子さんは，友達に食事に誘われました。「久しぶりに友達と会いたい」と思いましたが，「私がいない時に限って良くないことが起こるのよね。他の人に預けて何かあったら大変」と不安になり，友達の誘いを断ることにしました。
> また，「娘なんだから，母の介護が最優先。私がいつもそばにいなくちゃ。友達と会いたいと考えるなんて私はダメな娘」と考えて，自分を責めました。

出来事【状況】を体験すると，それに関する考えが浮かび【考え】，落ち込みや不安，怒りなどの【感情】を感じます。

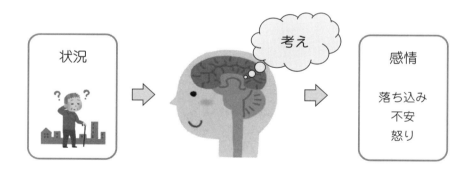

この「考え」は一瞬にして「感情」に影響を与えるため，自分の「考え」に気づかないこともあります。このような時には，「状況」「考え」「感情」を書き留めてみましょう。

ストレスフルな状況で感じる怒りや悲しみなどの不快な感情を減らすためには，次の3つのステップが役に立ちます。

> ステップ1：立ち止まって，不快な感情に影響を与えている「考え」を見つけます
> ステップ2：その「考え」を見直して，ラクになる考え，視野を広げた考えを探します
> ステップ3：今，どのように感じているかに注意を向けます

このセッションではステップ1の『立ち止まって，不快な感情に影響を与えている「考え」を見つけだす』を行います。

2. 思考記録表：3つのコラム

先程のC子さんの例を見てみましょう。

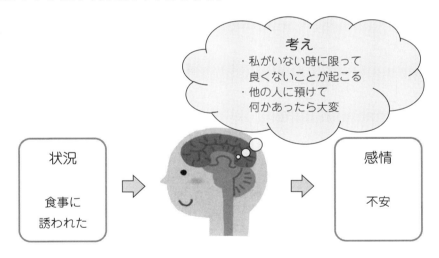

次ページの「3つのコラム」という表は，私たちの頭の中で起きていることを整理するのに役立ちます。C子さんの例を「3つのコラム」に書き込むと，次のようになります。

【3つのコラム】

①状況 最近，ストレスを感じた場面を書きましょう	②その時の考え その時，頭に浮かんだことは？	③感情 あなたの感情は？ 感情の強さは？ （0 － 100％）
友達に食事に誘われた。	・私がいない時に限って良くないことが起こる。他の人に預けて何かあったら大変 ・娘なのだから，お母さんの介護が最優先。食事に行きたいと考えるなんて私はダメな娘	・不安 80％ ・自責感 70％ ・落ち込み 80％

感情の例

感情は，「一言で言い表すことのできる」自分の気持ちです。

下の例を参考にして，その状況で感じていた感情をふり返ってみましょう。

【感情の種類】

憂うつ	不安	怒り	罪悪感	恥ずかしい
悲しい	喜び	驚き	恐怖	いらだち
心配	誇り	嫌悪	パニック	諦め
後悔	うんざり	寂しい	快い	失望
激怒	怖い	楽しい	焦り	屈辱感
安心	落ち込み	……	……	……

【感情の強さ】

0	25	50	75	100 ％
全くない	少し	中くらい	かなり	最大

3. 考え方のクセ

　考え方のクセは，人によってさまざまです。気持ちに余裕がない時は視野が狭くなりやすくなります。以下に，考え方のクセの例を挙げました。自分の考え方にはどんなクセがあるか，振り返ってみましょう。

①べき思考

→「○○すべき」「○○すべきではない」と強く考える

　例）「親の介護で周りに迷惑をかけてはいけない。自分一人でなんとかしないといけない」

②白黒思考

→灰色（曖昧）は苦手で，白か黒か，いいか悪いかをはっきりさせたいと考える

　例）「周りに頼るなんて介護者失格だ」

③決めつけ・深読み・先読み

→自分が注目していることに目を向けて，はっきりとした証拠がなくても「そうに違いない」と決めつけてしまう

　例）「私を困らせるために，わざとやっているに違いない」（決めつけ）

　　　「本当は迷惑だと思っているのだろう」（深読み）

　　　「この先，悪いことばかり起こるだろう」（先読み）

やってみよう！【6-1】

この一週間を振り返って，「うまく対処できない」と感じたり，ストレスを感じた状況を思い出してみましょう。そして，3つのコラムを作成してみましょう。

①状況 最近，ストレスを感じた場面を書きましょう	②その時の考え その時，頭に浮かんだことは？	③感情 あなたの感情は？ （悲しみ，怒り，不安など） 感情の強さは？ （0～100%）
例 友達に食事に誘われた	例 「私がいない時に限って良くないことが起こる。他の人に預けて何かあったら大変」 「娘なのだから，お母さんの介護が最優先。食事に行きたいと考えるなんて私はダメな娘」	例 ・不安 80% ・自責感 70% ・落ち込み 80%

次回までのホームワーク

ストレスを感じた出来事があったら、その時の「状況」「その時の考え」「感情」を3つのコラムに記入しておきましょう。

①状況 最近，ストレスを感じた場面を書きましょう	②その時の考え その時，頭に浮かんだことは？	③感情 あなたの感情は？ （悲しみ，怒り，不安など） 感情の強さは？ （0～100%）
例 友達に食事に誘われた	例 「私がいない時に限って良くないことが起こる。他の人に預けて何かあったら大変」 「娘なのだから，お母さんの介護が最優先。食事に行きたいと考えるなんて私はダメな娘」	例 ・不安 80% ・自責感 70% ・落ち込み 80%

コラム　孝雄さんの場合（82歳）

　孝雄さんは認知症の妻の介護をしています。妻は食事の支度ができなくなり，今では孝雄さんが料理をしています。これまで料理をしたことのなかった孝雄さん。何事にもきちんと取り組む真面目な性格なので，レシピ本を見ながら料理をします。バランスの良い食事が大切だと思い，献立もしっかり考えるようにしています。

　いくつもの料理を同時に仕上げて食卓に出すのは，本当に大変です。レシピ通りに順番に作っていくと，最初に作った料理はすっかり冷めてしまうのです。お魚が焼けた時など，妻に「先に食べているように」と声を掛けるのですが，妻は箸をつけようとしません。孝雄さんは「せっかく美味しいタイミングで食べさせようとしているのに，どうして手をつけないのだ」とイライラします。そして，終いには「早く食べろ！」とつい強い口調で注意をしてしまいます。

　オレンジカフェに行った際に，「お互いに日頃のストレスを話し合おう」という時間がありました。孝雄さんは思い切って，このことを話してみることにしました。「食事の度に同じことの繰り返しで，言うことをきかない妻に対して，イライラしてうんざりしてしまうのだ」と話してみました。

　みんなは親身になって自分の話を聴いてくれました。そして，ある男性介護者は，こう言いました。「あなたは本当によくやっていらっしゃる。奥さんはあなたに大切にされて，幸せ者だと思います。自分はあなたと同じようにはできないから，本当に偉いと思います。」

　ある女性介護者は，次のように言いました。「奥さんはご家族の食事の準備を済ませて，最後に自分の席に座るということをもう何十年と続けてこられたのでは？自分だけ先に箸をつけるという習慣がないので，孝雄さんから言われても戸惑うのかもしれません。認知症になってから，新たな習慣を身に付けるのは，こちらが思う以上に大変なのかもしれませんね。」

　また，別の女性介護者は言いました。「温かく美味しいうちに食べさせてあげたいとは，孝雄さんはなんて優しいのでしょう。でも，一番大切なのは，奥様との食事を楽しむことなのかもしれませんねぇ。」

　高尾さんはみんなの話を聴いているうちに，なぜか涙が溢れてきました。頑張っている自分を認めてもらったことが嬉しかったのと同時に，いかに自分が張り詰めた気持ちで介護に臨んでいたかを思い知りました。目の前のことに真面目に取り組む姿勢は，サラリーマン時代と変わっていないなと苦笑しました。そして，いつの間にか，妻の介護が自分の「仕事」になっていたことに気づきました。きちんとやることに，少し拘り過ぎていたのかもしれないと感じたのでした。

セッション7
バランスの取れた考えを探す

【このセッションで学ぶこと】

1. 思考記録表：5つのコラム
   〜気分がラクになる考え方〜

2. 別の視点から考えを見直すためのテクニック

1. 思考記録表：5つのコラム　～気分がラクになる考え方～

　セッション6では，ステップ1「立ち止まって，不快な感情に影響を与えている「考え」をみつけます」を行いました。

> ステップ1：立ち止まって，不快な感情に影響を与えている「考え」をみつけます
> ステップ2：別の視点からその「考え」を見直して，ラクになる考え，視野を広げた考えを探します
> ステップ3：今，どのように感じているかに注意を向けます

　今日は5つのコラムを使って，上記のステップ2・3を行っていきます。C子さんの例に沿って考えてみましょう。

① 状況 最近，ストレスを感じた場面を書きましょう	② その時の考え その時，頭に浮かんだことは？	③ 感情 あなたの感情は？ 感情の強さは？
友達に食事に誘われた。	・私がいない時に限って良くないことが起こる。　他の人に預けて何かあったら大変 ・娘なのだから，お母さんの介護が最優先。食事に行きたいと考えるなんて私はダメな娘	・不安 80% ・自責感 70% ・落ち込み 80%

④ 別の考え 別の見方や考え方はありますか？　どのように考えると気持ちがラクになるでしょうか？	⑤ 新しい感情 今の感情は？ 感情の強さは？

セッション7 バランスの取れた考えを探す 77

2. 別の視点から考えを見直すためのテクニック

ステップ2：別の視点からその「考え」を見直して，ラクになる考え，視野を広げた考えを探すためには，以下の3つの方法があります。

> ① 第三者の視点から眺めてみる
> ② 考え方のクセに気づいて見直してみる
> ③ 根拠と反証を挙げてみる

それぞれの方法を見ていきましょう。

①第三者の視点から眺めてみる

Point !

❏ 親友に相談したら，どのように言われると思いますか？
❏ 他の介護者に相談したら，どのように言われると思いますか？
❏ 友達が同じ状況に置かれていたら，あなたはどのように言いますか？

① 状況	② その時の考え	③ 感情
友達に食事に誘われた。	・娘なのだから，お母さんの介護が最優先。食事に行きたいと考えるなんて私はダメな娘	・自責感 70％ ・落ち込み 80％

④ 別の考え	⑤ 新しい感情
「いつも頑張っているのだから，少しは休んだら？　時にはヘルパーさんにお任せするのもいいと思うわ。」	自責感 30％ 落ち込み 20％

> 友達が同じ状況に置かれて悩んでいたら，あなたはどのように言いますか？

②考え方のクセに気づいて見直してみる

Point !

❑ 「その時の考え」は，どのような考えのクセにあてはまりますか？
71 ページの考え方のクセ（①べき思考，②白黒思考，③決めつけ，深読み，先読み）
を見直してみましょう。

① 状況	② その時の考え	③ 感情
友達に食事に誘われた。	・私がいない時に限って良くないことが起こる。他の人に預けて何かあったら大変	不安 80％
	・娘なのだから，お母さんの介護が最優先。食事に行きたいと考えるなんて私はダメな娘	自責感 70％ 落ち込み 80％

④ 別の考え	⑤ 新しい感情
・良くないことが起こるというのは「先読み」かも。以前，姉に見てもらった時は，何事も起こらなかった	不安 40％
・ダメな娘というのは「決めつけ」かも。毎日介護をしているのだし，介護者だって自分の楽しみを見つけてもいいのでは	自責感 30％ 落ち込み 20％

「べき思考」「白黒思考」「決めつけ・深読み・先読み」で当てはまりそうなものはありますか？

③根拠と反証を挙げてみる

> **Point!**
> ❏ 考えがその通りであるといえる事実（根拠）と，考えの通りではないといえる事実（反証）を挙げてみましょう。
> ❏ 両方の事実を合わせると，どのように考えることができるでしょうか。

① 状況	② その時の考え	③ 感情
友達に食事に誘われた。	・私がいない時に限って良くないことが起こる。他の人に預けて何かあったら大変	不安 80%

	④ 別の考え	⑤ 新しい感情
	・確かに一度，私が外出した際にお母さんがパニックになったことがあった（そう考えた根拠は？）	不安 40%
	・でも，ほとんどの場合は落ち着いて過ごせている（その考えに対する反証は？）	
	・ヘルパーさんにお願いして，何かあったら帰ればいい（「根拠」と「反証」の両方を合わせるとどのように考えられますか？）	

やってみよう！【7-1】

介護場面でストレスを感じた状況を取り上げて，5つのコラムを書いてみましょう。

① 状況	② その時の考え	③ 感情
最近，ストレスを感じた場面を書きましょう	その時，頭に浮かんだことは？	あなたの感情は？ （悲しみ，怒り，不安など） 感情の強さは？ （0〜100%）

	④ 別の考え	⑤ 新しい感情
	別の見方や考え方はありますか？　どのように考えると気持ちがラクになるでしょうか？	今の感情は？ （悲しみ，怒り，不安など）

セッション 7　バランスの取れた考えを探す　　81

書き方の例

① 状況	② その時の考え	③ 感情
最近，ストレスを感じた場面を書きましょう	その時，頭に浮かんだことは？	あなたの感情は？（悲しみ，怒り，不安など）感情の強さは？（0～100％）
友達に食事に誘われた。	・私がいない時に限って良くないことが起こる。他の人に預けて何かあったら大変 ・娘なのだから，お母さんの介護が最優先。食事に行きたいと考えるなんて私はダメな娘	・不安 80％ ・自責感 70％ ・落ち込み 80％

④ 別の考え	⑤ 新しい感情
別の見方や考え方はありますか？　どのように考えると気持ちがラクになるでしょうか？	今の感情は？（悲しみ，怒り，不安など）
・いつも頑張っているのだから，少しは休んだら？ ・確かに以前，私が外出した際に，母がパニックになったことはあった。しかし，ほとんどの場合は落ち着いて過ごせている。ヘルパーさんにお願いして，何かあったら帰ればいい ・ダメな娘というのは「決めつけ」かも。毎日介護をしているのだし，自分の楽しみを見つけてもいいのでは	・不安 40％ ・自責感 30％ ・落ち込み 20％

信頼している友達に相談したら，どのように言うと思いますか？

考え方のクセはありますか？【べき・白黒・決めつけ】どう考えなおすとラクになりますか？

根拠と反証を挙げましょう。両方合わせるとどのように考えられますか？

> **次回までのホームワーク**
>
> 介護場面でストレスを感じた状況を取り上げて，5つのコラムを書いてみましょう。

① 状況	② その時の考え	③ 感情
最近，ストレスを感じた場面を書きましょう	その時，頭に浮かんだことは？	あなたの感情は？ 感情の強さは？
	④ 役に立つ考え	⑤ 新しい感情
	別の見方や考え方はありますか？　どのように考えると気持ちがラクになるでしょうか？	今の感情は？

セッション7　バランスの取れた考えを探す　　83

コ ラ ム　　　　　夏美さんの例（55歳）

　認知症の母の介護のために，最近，仕事を辞めた夏美さん。一人暮らしの母の家に，毎日通って介護を続けています。年齢の離れた兄姉は遠方に住んでおり，介護の即戦力にはなりません。

　母は昔から完璧で厳格な人。母が快適に過ごせるように，夏美さんは良かれと思うことを先回りしてやっています。しかし，母にとっては，夏美さんはいくつになっても甘えん坊の末娘。事あるごとに兄姉と比較しては，「あなたは気遣いができない」「もっとしっかりしないと」と同じことを何度も繰り返し言います。

　「実際に母の面倒を見ているのは私なのに」「仕事まで辞めて介護をしているのに」「これ以上，私に何を望むというの」そう考えると，夏美さんは気持ちが張り裂けそうになります。

　ある日，夏美さんはついに感情を爆発させてしまいました。「そんなこと，自分でできるでしょ！自分でやってちょうだい！」自分でも驚くほどの強い口調と険しい表情で，母に言い返してしまったのです。

　母の悲しそうな表情を見て，夏美さんは我に返りました。そして，「大切な母を傷つけてしまった」と悲しくなり，強く自分を責めました。

　「自分は母の介護を続けていけるだろうか」と不安になってしまった夏美さん。母の担当のケアマネジャーさんに相談してみることにしました。ケアマネジャーさんはじっくりと話を聴いてくれた上で，このように言いました。

　「自分でできることをなるべく自分でやってもらうことは，ご本人にとって，とっても良いことなんですよ。夏美さんがお母さんにお伝えしたことは，けっして間違ってはいないと思います。ただ，言い方が強くなってしまって，自分でも驚いたし，お母さんを傷つけてしまったと辛くなってしまったのですね。

　お母さんがデイサービスを利用できないか，もう一度検討してみましょうか。お母さんは社交的な方なので，自分に合ったデイサービスが見つかれば，楽しんで行かれるかもしれません。そして，夏美さんも少し息抜きの時間を作れるとよいですね。」

　夏美さんは，先回りしていろいろとやることで疲れてしまい，気持ちに余裕がなくなってしまっていたのかなと思いました。　そして，心のどこかで，「母に認めてもらいたい」と頑張っていたのかもしれないと感じました。

　「ねぇ，お財布はどこだったかしら？」今朝も母が尋ねました。いつもなら，夏美さんが一人で財布を探して母に手渡していましたが，今日はこのように声を掛けました。「さて，どこにあるかしら？机の引き出しを一緒に探してみましょうか。」

セッション8
認知症のご家族とのコミュニケーション

【このセッションで学ぶこと】

1. 認知症のご家族とのコミュニケーション

2. コミュニケーションの記録

1. 認知症のご家族とのコミュニケーション

　認知症が進行すると，以下のような症状が影響して，ご家族と円滑なコミュニケーションをとることがむずかしくなることがあります。

- ・相手の言っていることを理解しにくくなる
- ・自分の言いたいことを表現しにくくなる
- ・考えていたことを次の瞬間に忘れてしまう

　認知症の方は，コミュニケーションの方法を変えられないことが多いため，**私たち介護者が接し方を工夫できるとよい**でしょう。それが，介護者自身のストレスを和らげることにつながります。

　次の例を見てみましょう。

> D子さんは，認知症の夫に寝て欲しいと思っています。
> 彼はテレビを見ています。
> 「もう寝る時間よ」とD子さんはキッチンから叫びましたが，夫は気づかない様子でした。D子さんはもっと大きな声で「テレビを消して，寝る準備をして」と叫びましたが，夫は無視し続けました。D子さんはイライラして，「もう，何度言ったらわかるの！　同じことを何度も言わせないでちょうだい！」と叫び，部屋のドアをバタンと閉めて出て行きました。

やってみよう！【8-1】

- ・D子さんは，どのように振る舞うことができたか考えてみましょう。
- ・ご自身が認知症のご家族と接する際に，どのような工夫をしていますか？

　認知症のご家族とコミュニケーションをとる際には，ちょっとしたコツがあります。次のページを見てみましょう。

認知症の方と話をする際のポイント

注意をひく

- 話す前に，雑音を減らしましょう（例：テレビを消す）
- 部屋が暗い時には，照明をつけて顔が見えるようにしましょう
- 話し始める前に，本人の注意をひきましょう
- 近くに座ってアイコンタクトをとりましょう

ご本人の話を理解する

- ご本人の話をよく聞いて，優しく相槌を打ちましょう
- ご本人が言いたいことを伝えづらいようだったら，手掛かりとなるようなことを聞いてみます。時間を十分にとって，違う方法で説明するように促すのもよいでしょう
- 相手の言いたいことをこちらが推測しなければならない時には，理解が合っているかをご本人に確認します
- もしあなたがフラストレーションを感じたりイライラし始めたら，話題を変えるか，休憩をとって後で話すようにします

こちらの言うことを理解してもらう

- はっきり，ゆっくりと落ち着いたトーンで話しましょう
- ご本人に質問した時は，心の中で10秒数えて相手に答えるための時間を与えます
- 明確に単純に，短い文章で指示します
- 簡単な質問を1度に1つ尋ねるようにします。「はい」「いいえ」で答えられるようにします
- もし理解していないようだったら，他の方法で試してみます。言葉以外にも，動作や物，合図などを使うのもよいでしょう

いろいろなコミュニケーションの方法を試して，お互いにとってよい方法を見つけていきましょう。認知症の経過とともに，ご家族の状態に合わせて対応を変えていくとよいでしょう。

2. コミュニケーションの記録

　認知症のご家族の困った行動が起きた際，自分がどのように反応したかを思い出してみましょう。そして，87ページの「認知症の方と話をする際のポイント」を参照して，新たな対応やコミュニケーションの方法を考えてみましょう。

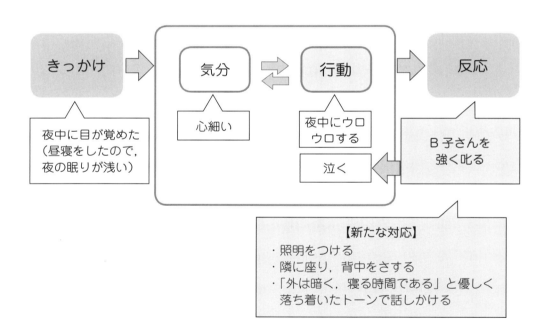

セッション 8　認知症のご家族とのコミュニケーション　　89

やってみよう！【8-2】

認知症のご家族とのコミュニケーションで困った場面を思い出してワークシートに記入してみましょう。「きっかけ」「行動」「反応」を振り返ってみましょう。87 ページの「認知症の方と話をする際のポイント」を参照して，「新たな対応」を考えてみましょう。

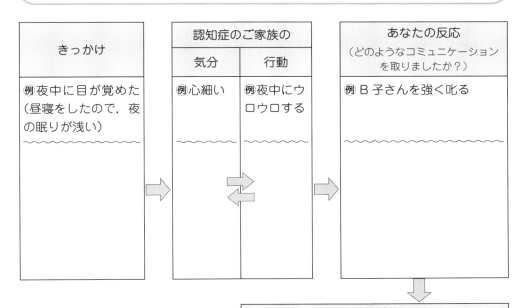

きっかけ	認知症のご家族の 気分	認知症のご家族の 行動	あなたの反応（どのようなコミュニケーションを取りましたか？）
例 夜中に目が覚めた（昼寝をしたので，夜の眠りが浅い）	例 心細い	例 夜中にウロウロする	例 B子さんを強く叱る

新たな対応（どのようなコミュニケーションが有効でしょうか？）

例・照明をつける
　・隣に座り，背中をさする
　・「外は暗く，寝る時間である」と優しく落ち着いたトーンで話しかける

いつもとは異なるコミュニケーションの方法を試してみましょう。認知症のご家族の行動が変化するかを観察してみましょう。

> **次回までのホームワーク**
>
> 新たな対応（コミュニケーションの方法）を次回までに試してみましょう。そして，認知症のご家族の行動が変わるか観察してみましょう。

コラム　　緑子さん（65歳）の場合

　緑子さんは認知症の父親の介護をしています。父は着替えや入浴などの日常生活動作に家族の介助が必要です。

　介護を行う上での身体的な負担も大きいのですが，父とスムーズに意思疎通が図れないことにも，緑子さんはストレスを感じています。身体を拭いたり，着替えさせたりする際に，急に父の機嫌が悪くなることがあるのです。何が嫌なのか，不快なのかが良くわからず，困ってしまいます。デイサービスのお迎えの時間が迫っている時に，父が不機嫌になって介助を嫌がると，緑子さんは本当に困ってしまうし，気持ちが焦ります。「時間がないのだから，ちゃんと言うことを聴いて！」と強く叱ってしまうこともあります。

　声のかけ方を少し変えることで，認知症の方とのコミュニケーションが取りやすくなることもあると知って，緑子さんはビックリしました。そして，早速，その方法を試してみようと思いました。

　『認知症の高齢者は視界が狭くなりがちなので，ちゃんと相手の視界に入ってから，相手の目を見て話しかけるとよい』ということを初めて知りました。そういえば，最近，ちゃんと父の顔を見て話しかけていなかった気がするな……緑子さんはそう思いました。

　今日は意識して対応を変えてみようと思った緑子さん。父とちゃんと視線が合ったことを確認してから，「汗をかいたから，身体を拭きましょうね」と声をかけてみました。いつもより大きな声で，ゆっくりと，はっきりと。

　父が相槌を打ったのを確認してから，温かいタオルで父の手を拭いてみました。父は気持ちよさそうな顔をしています。

　「次は腕を拭きますね」そうそう，次に行う行動をちゃんと説明するとよいのだったわ。今日は父もなんだか落ち着いています。「誰だって，何をされるか分からなかったら不安に思うわよね」と緑子さんは思いました。

　今日の接し方は，いつもよりも上手くいったようです。「明日も試してみよう」と緑子さんは考えました。試行錯誤の介護ですが，今日は小さなヒントを得られたような気がしました。

セッション9
周囲への援助の求め方
～アサーション～

【このセッションで学ぶこと】

1. 伝え方の3つのパターン
2. アサーティブに伝えるスキル

1．伝え方の 3 つのパターン

　周囲の助けを借りたいのにうまく伝えられず，困ってしまった経験はありません
か？　このセッションでは上手な援助の求め方について考えていきます。

　E 美さんの例を見てみましょう。

認知症の母を世話する E 美さんは，毎週，ヨガの教室に参加するのを楽しみにして
います。教室に参加する間，近くに住む姉に母を預けることに
しました。しかし，教室が始まる 1 時間前になって，姉から
電話がかかってきました。「実は友達との約束があったの。今
日は母を預かれそうにないのだけれど」と姉は言いました。

話し合ってみよう！

　あなたが E 美さんだったら，お姉さんに対してどのように言うでしょうか？

　コミュニケーションのとり方は，受動的，攻撃的，アサーティブの 3 つに分け
られます。E 美さんの例を使って見てみましょう。

タイプ	E美さんのセリフ	特徴
受動的	「あぁ，そうなんだ……それでは，仕方がないわね……」	・考えや気持ちを間接的に伝えるため，相手はあなたの考えや気持ちを理解してくれなかったり，時に軽んじたりする。 **メッセージ：「私の気持ちよりも，あなたの気持ちが大切」**
攻撃的	「私のことを全然考えてくれないのね！　約束は守ってもらうから！　言い訳は聞きたくないわ」	・自分の権利を主張して，問題解決の役に立たない方法（例；怒る，罵る）で考えや気持ちを伝える。 **メッセージ：「あなたの考えは間違っている。あなたの気持ちよりも，私の気持ちが大切」**
アサーティブ	「あと1時間で教室が始まってしまうわ。ヨガは私にとってリフレッシュできる大事な時間なの。友達と会う時間を少し調整できないかしら？レッスンが他の日に振り替えられたら，その時には，母を預かってもらえる？」	・相手の意見を尊重しながら，自分の意見を率直に伝える。 ・問題解決や交渉につなげることができる。 **メッセージ：「私はこう考え，こう感じています。また，あなたの考えや気持ちも大切にしています」**

話し合ってみよう！

　自分のコミュニケーションを振り返ってみましょう。
・あなたの日頃の伝え方は，受動的，攻撃的，アサーティブのどのタイプに近いで
すか？
・家族，友人，主治医や医療関係者などに対して，協力や援助を求めることができ
ていますか？
・自分のコミュニケーションのパターンを変えたいと思いますか？

　責任感の強い人ほど，「自分がしっかりやらなければ」と考えて，介護を一人で
背負ってしまいがちです。しかし，ストレスを溜めこまずに，気持ちの余裕を持っ
て介護を行うためには，周囲の人たちの協力を得ていくことがとても大切です。

　困っていること，助けて欲しいことを伝えないでいると，周囲は「大丈夫なのだ
ろう」と考えて，あなたが困っていることに気がつかないこともあります。

　一人で抱えずに，上手に周囲の力を借りるためには，アサーティブな伝え方が役
に立ちます。

2. アサーティブに伝えるスキル

　誰かに協力を求めたい時には，「みかんていいな」というキーワード（下記参照）を意識しながら，言葉に出して伝えてみましょう。下の例を参考にしながら，あなたの状況について，どのように伝えることができるかを考えてみましょう。

> **アサーティブに伝えるコツ**
>
> **み**　：見たこと（客観的な事実を伝え，お互いに共有する）
>
> **かん**：感じたこと（自分の気持ちや考えを伝える）
>
> **てい**：提案する（具体的な提案を行う）
>
> **いな**：提案に対する相手の回答を確認する
> 　　　　提案に対して相手が NO の場合には，再提案を行う

アサーティブなコミュニケーションを行うためのヒント

1. 自分がどうしたいのかを改めて考えてみましょう。

2. 「みかんていいな」を意識して，伝えたいことを考えてみましょう。そして，実際に会話の中で使ってみましょう。

3. 自分の感情や考えをきちんと伝えるように心がけましょう。

4. 何をして欲しいのかを具体的に説明しましょう。例えば，「介護が大変だから，手伝って欲しい」と伝えるのではなく，「月1回は母の様子を見に来て欲しい」「○月○日の午後に予定があるので，母の介護を代わって欲しい」など，詳しい情報を入れて説明しましょう。

5. 頼みごとは小さく，1度に1つにしましょう。大きな頼みごとよりも小さな頼みごとの方が，聞き入れやすいものです。

6. 我慢強く，柔軟に。相手にして欲しいことが全部叶わないこともあるでしょう。それでも諦めずに何度も試してみることが大切です。

7. あなたの希望と相手の希望が，必ずしも一致するわけではありません。行き詰まったら，もう一度，冷静になって話し合いましょう。また，時には解決法がない場合もあることを受け入れましょう。

8. いつもアサーティブに伝えなければいけないわけではありません。伝え方のレパートリーを拡げることを心がけましょう。長い目で見て，自分も相手も気持ちがラクになる方法を探してみましょう。

セッション9 周囲への援助の求め方〜アサーション〜

やってみよう！【9-1】

最近，誰かに協力を求めたけれども，うまくいかなかった状況を思い出しましょう。「みかんていいな」を使って，その状況で，どのように伝えることができるかを考えましょう。

状況：母を姉に預けることになっていたが，ヨガ教室が始まる1時間前に，姉が「預かれない」と電話をしてきた。	
み：見たこと ＝事実をお互い共有する	例：「あと1時間で教室が始まってしまうわ。今からだとキャンセル料がかかってしまうわ」
かん：感じたこと ＝自分の気持ちや考えを伝える	例：「ヨガは私にとってリフレッシュできる大事な時間なの。行けないとガッカリだわ」
てい：提案する	例：「お友達と会う時間を少し調整できないかしら？」
いな：相手の考えを尋ねる。いな(否)と言われたら，柔軟に代替策を考える	例：「どうしてもむずかしいようなら，今回は私が休むことにするわ。でも，レッスンが他の日に振り替えできる時には，その時に母を預かってもらえる？」

　　　　　昌子さん（67歳）の例

　昌子さんは，認知症の夫と娘の3人暮らしです。キャリアウーマンの娘は，朝早く家を出て遅くに帰宅する毎日。日々，忙しそうにしています。

　昌子さんは人に頼ったり頼みごとをするのは，どちらかというと苦手なタイプです。「人に迷惑をかけるくらいならば，自分でやってしまおう」と考えてしまいます。夫と介護についても，自分は家にいるのだし，自分が夫の面倒をみるのはあたり前と考えています。

　しかし，四六時中，夫から目が離せないでいる日々は，時に息苦しく，正直，辛いな……と思うこともあります。そんな気持ちや愚痴をたまには娘に聴いてもらえたらなぁと思うこともあります。

　アサーションでは，「身近な人に気持ちを伝えたり，助けを求める」ことが課題でした。「夫の介護について話し合いたいと娘に伝える」とワークシートに書いてみましたが，なんだか少し大げさな気がしましたし，改めて話し合いの場を持つことに，気まずさも感じました。

　「他に何かないかな……」と考えていたら，やってみたいことがあったことを思い出しました。先日の市報に，近くの公民館で開催される太極拳教室の募集が出ていたのです。公民館は自転車ですぐの所にあるし，太極拳ならできるかなと思って，市報を捨てずに机の引き出しにしまってあったのです。

　改めて募集内容を見直すと，隔週土曜日午前中の全6回と書いてありました。夫を1人で家に残しておくわけにはいきませんが，土曜日なら娘が家にいるか……と考えました。でも，娘も用事があるだろうし，「夫を見ていてほしい」とは頼みづらいなぁとも感じました。どうしようかと迷いましたが，アサーションの練習だと思って，娘に伝えてみることにしました。

　開催日時のこと，以前から太極拳に興味があったこと，でも，貴重な休日なのにあなたに父親の面倒を見てもらうのは悪いかなと思っていること……など，思い切って娘に話してみました。

　すると，娘は「いいよ」と拍子抜けするくらい簡単にOKしてくれました。「疲れていて，どうせ土曜日の午前中は出かけないし。家に居て，お父さんの様子を見守るのは何でもないわ。たまにはお母さんも息抜きしたら？」

　伝える前から，「きっとダメだろう，頼まれたら相手は迷惑をかけるだろう」と思い，諦めてしまうことの多い昌子さん。しかし，相手がどう考えるかは，話してみないと分からないものだと思いました。「断られたら，その時に次を考えればよい」と思ったら，少し気持ちがラクになりました。

セッション 10
これまでの振り返り

【このセッションで学ぶこと】

1. 今後，生じるかもしれない問題

1. 今後，生じるかもしれない問題

認知症の症状は徐々に進行します。経過に応じて，ご本人の症状が変化したり，必要なケアや介護が異なります。

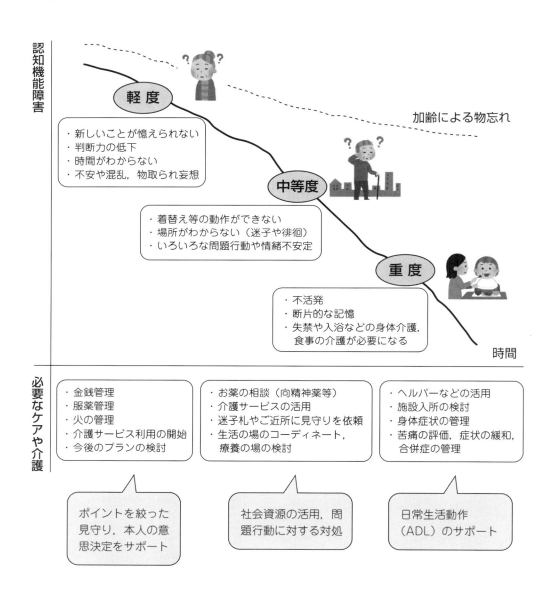

セッション10 これまでの振り返り　101

　軽度の時期には，金銭や服薬の管理など，ポイントを絞った見守りを行ったり，今後どのように介護サービスを利用していきたいかなど，本人と話し合い意思決定をサポートしていきます。

　中等度の時期には，日常生活にもさまざまな支障が生じてきます。ご家族だけでなく地域の社会資源をどのように活用していくべきかをケアマネージャーなどに相談します。

　重度の時期には，食事や排せつなどの管理，日常生活動作（ADL）のサポートが必要になります。施設入所を具体的に検討したり，身体症状，合併症の管理にも配慮します。

やってみよう！【10-1】

・ご家族の介護について，この先，不安に思うことはありますか？
・その問題について，これまで誰かと話し合ったことはありますか？

介護を行う際に利用できる社会資源やサービス，認知症のご家族の身体的ケア（身体の痛みや嚥下障害等），法的な制度（成年後見制度や事前指示書）など，将来の計画を考える上で必要な情報を「資料（103ページ〜）」にまとめました。必要に応じてご覧ください。

　これまでのセッションが，あなたのお役に立てたなら幸いです。

　役に立ったスキルは，引き続き使ってみてください。また，これまでに学んだテクニックを思い出せるように，このマニュアルを見返しましょう。

資料
将来の計画を立てる上で必要な情報

【このセッションで学ぶこと】

1. 介護を行う際に利用できる資源やサービス

2. 「身体の健康」の管理

3. 法的な制度

4. 将来の計画を立てる上でのアドバイス

1. 介護を行う際に利用できる社会資源やサービス

　認知症の方の介護を行う際に利用できる社会資源の選択肢を検討しておきましょう。現在，利用しているサービスはありますか？　また今後，利用したいサービスはありますか？　○を付けてみましょう。

介護保険	**居宅サービス（家庭で受けるサービス）**
	訪問介護，訪問看護，訪問リハビリテーション，訪問入浴サービス
	デイサービス（通所介護），デイケア（通所リハビリテーション）
	ショートステイ（短期入所生活介護・療養介護）
	福祉用具貸与，特定福祉用具販売，住宅改修費支給
	施設サービス（施設で生活しながら受けるサービス）
	グループホーム（認知症対応型共同生活介護）
	老人保健施設（介護老人保健施設）
	特別養護老人ホーム（介護老人福祉施設）
介護保険以外	オレンジカフェ，サロン，家族会 認知症予防講座・教室，介護予防講座 高齢者見守り事業 訪問給食サービス，電話訪問サービス 認知症サポート養成講座　　など

2.「身体の健康」の管理

　年齢を重ねると，誰でも身体疾患を患う可能性が高くなります。認知症の方は，身体的健康の管理に関して，サポートが必要になることもあります。

- 服薬時間の管理
- 診察の予約
- 薬物治療についての助言，判断のサポート

　介護者であるあなたが，「手術や特定の治療を受けるかどうか」等の意見を求められる場合もあるでしょう。その際には，下記の点を考慮しましょう。

- 治療法などを自分で決定したい（決定に関わりたい）と考える人もいる
- 早期の段階から，ご本人と話し合っておく
- 治療のメリット，デメリットに関する情報を与えてもらう
- 家族や友人，医療関係者などとよく話し合ってから判断する

【身体の痛みがある場合】

・認知症の方の中には，「痛い」と伝えられない人もいます。痛みのせいでイライラしていたり興奮したりすることもあります。

・効果的に鎮痛薬を用いたり，リラクセーションやマッサージ，適切な介護などの非薬物的な方法で対処できることもあります。

・介護の専門家や医療従事者には，「ご家族が痛みを感じていること」をきちんと伝えましょう。

・介護者とご本人が希望する治療法が異なる場合には，折衷案を考えましょう（鎮静剤の投与など）。

【嚥下障害が生じた場合】

・高齢になると，ものを飲み込む嚥下機能が弱まります。食べたものが肺に入って，誤嚥性肺炎が起きることもあります。

・経管栄養や胃瘻による栄養摂取を提案されることがあります。

・自分で食事がとれなくなった時，どういう治療を希望するのか，事前に話し合っておくとよいでしょう。

3. 法的な制度

今後，生じる可能性のある法的問題に対応するための制度をご紹介します。

3-1. 成年後見制度

成年後見制度とは，認知症のご家族が，将来，重要な判断を下せなくなった時のために，法律面や生活面で保護したり支援する制度です。成年後見人が，ご本人に代わって契約を行ったり財産の管理などを行います。大きく分けて，公的後見人と任意後見人の2つがあります。

任意後見人
- 将来，判断能力が不十分になった場合に備えて，自分の選んだ任意後見人に代理権を与える契約を公正証書で結ぶ
- 必要が生じた時に，家庭裁判所の選任する後見監督人の監督のもとで，必要な支援・保護を行う
- 後見人を誰にするか，委任内容は自由に決めることができる
- 原則は代理権しかないため，本人が勝手に行ってしまった契約の取り消しや，訪問販売などで購入した不要品の返品等はむずかしい

公的後見人
- 配偶者や四等親以内の親族，市区町村長などが申立できるため，本人の状態が思わしくなくても手続きが行える
- 後見人（本人の判断能力が不十分な場合），保佐人（本人の判断能力に不安がある場合），補助人（本人に判断能力があり，制度利用を望んでいる場合）の3種類があり，それぞれに権限が異なる

3-2. 事前指示書

　事前指示書とは，将来，自分が判断能力を失った際に，自分のために行われる医療行為に対する意向を前もって意思表示するための文書です。自分らしく，自分の望んだ治療を受けられることを目的に作成されます。

　事前指示書は何度も書き換えができます。家族にその所在を伝えておくとよいでしょう。

4. 将来の計画を立てる際のアドバイス

①情報を集めましょう

必要な情報をできるだけ集めましょう。下記のことをご本人と話し合いましょう。
- どのような治療を受けたいか，受けたくない治療はあるか？
- どのような介護を受けたいか，受けたくないか？
- 薬物療法に関して，心配なことはあるか？
- 自分で判断できなくなった場合に起こりそうな心配事は何か？
- 自分で判断できなくなった場合，今後，誰に判断してもらいたいか？
- 終末期には，どのような治療を受けたいか？

②話しましょう

ご家族や友人，医師，身近な人等に相談して，いろいろな意見をもらいましょう。

③準備しましょう

任意後見人や事前指示書を準備して，署名しましょう。

④知らせましょう

ご家族や医療関係者などに本人の意思を知らせて，事前指示書のコピーを渡しましょう。

＊**このような問題について，認知症の症状が進行して認知症のご家族と話し合えない場合には，以前，ご家族が何と言っていたかを考えてみましょう。ご本人の価値観に沿って考えてみましょう。**

おわりに

　認知症の専門外来を担当し始めてほどなく，どの患者さん・ご家族にも2つの同じ話ばかりしている自分に気づきました。1つは認知症の進行と対策について（心理教育），もう1つはご家族の患者さんへの接し方について（BPSDへの対応）でした。「家族は第二の患者」という言葉を知ったのもその頃です。BPSDの治療のためにご家族のレスパイトも兼ねて入院した患者さんは，退院できずそのまま長期入所・入院に至るケースも少なくありませんでした。入院治療で患者さん本人の症状は改善しても，患者さんを支える介護ご家族が疲弊しきっていて在宅ケアに戻れるまで回復しなかったのです。介護家族にはレスパイトだけでなくもう一歩踏み込んだ支援が必要と痛感しました。

　認知症のご家族への支援にはさまざまな形態がありますが，中でも英国のSTARTプログラム（STrAtegies for RelaTives）は，心理教育，患者さんへの接し方（コミュニケーション訓練），介護者自身に対するストレスマネジメントという3つの要素を組み合わせたもので，まさに上述の問題をすべてカバーするものです。実際，こういった"複合的介入"は介護者の介護負担軽減に最も効果が高いことが分かっています。

　本書は，そのSTARTプログラムを，本邦に合った形で実践を重ねる中で生まれたものです。筆者らは，平成27～29年度科学研究費助成事業基盤研究「認知症家族介護者のうつ，不安に対する認知行動療法の開発および有効性の検討（研究代表者：田島美幸，研究分担者：藤澤大介），平成30～33年度日本学術振興会基盤研究「認知症の家族介護者を対象とした訪問看護師による認知行動療法の有効性の検討」（研究代表者：田島美幸，研究分担者：石川博康，藤澤大介），平成29～31年度日本医療研究開発機構長寿・障害総合研究事業認知症研究開発事業「BPSDの解決につなげる各種評価法とBPSDの包括的予防・治療指針の開発～笑顔で穏

やかな生活を支えるポジティブケア」分担研究「認知症家族介護者に対する支援プログラムの開発と効果検証」（分担研究開発者：藤澤大介，研究協力者：田島美幸，石川博康）などによって，病院での集団療法，訪問看護師による在宅個人カウンセリング，地域包括支援センターでの支援プログラムなど，さまざまな形態で実践と効果検証を進めてきました。プログラムの直接の対象者は介護ご家族ですが，介護ご家族と患者さんとの交わりにも変化をもたらし，それを通じて，患者さんご本人に対しても好ましい効果をもたらしていることを日々実感しています。本書の内容が認知症のケアにあたる一人でも多くの人々に届くことを願っています。

2019 年 8 月　藤澤大介

■著者略歴

田島　美幸（たじま　みゆき）
国立精神・神経医療研究センター認知行動療法センター　客員研究員／トヨタ自動車株式会社　主幹
東京大学大学院医学系研究科精神保健学教室博士後期課程修了（保健学博士）。
国立精神・神経医療研究センター精神保健研究所（流動研究員），国立精神・神経医療研究センター認知行動療法センター（室長）を経て現職。専門は認知行動療法，精神保健学。
共著書・共訳書に『さあ！はじめよう　うつ病の集団認知行動療法』（医学映像教育センター），『これからの対人援助を考える　くらしの心理臨床　認知症』（福村出版），『動画で学ぶ支持的精神療法入門』（医学書院）ほか。

藤澤　大介（ふじさわ　だいすけ）
慶應義塾大学医学部　医療安全管理部／精神・神経科　准教授
慶應義塾大学卒。国立がん研究センター東病院精神腫瘍科，Massachusetts General Hospital などを経て現職。専門は認知行動療法，リエゾン精神医学，老年精神医学。
共著書・共訳書に『マインドフルネスを医学的にゼロから解説する本』（日本医事新報社），『ミーニング・センタード・サイコセラピー』（河出書房新社），『子どもを持つ親が病気になった時に読む本：病気の伝え方・暮らし方・お金のこと』（創元社）ほか。

石川　博康（いしかわ　ひろやす）
東京都立松沢病院　精神看護専門看護師（訪問看護所属）／保健師　看護師　精神保健福祉士
2006 年　東京女子医科大学大学院看護学研究科博士前期課程精神看護学専攻修了　修士（看護学）。
2002 年　東京都立松沢病院　看護部入職〜，筑波大学大学院，東京医科歯科大学大学院，東京女子医科歯科大学大学院，横浜市立大学大学院で「精神疾患の早期支援，訪問看護で行う認知行動療法」について精神看護学非常勤講師を歴任。
現在は，訪問看護管理責任者を経て地域訪問看護ステーション支援に尽力に努めている。東京都ヘルスサポーター養成講座 講師〜認知症の理解と対応〜。
共著書に『認知行動理論に基づく精神看護過程：よくわかる認知行動療法の基本と進め方』（中央法規出版）

ワークで<ruby>学<rt>まな</rt></ruby>ぶ
<ruby>認知症<rt>にんちしょう</rt></ruby>の<ruby>介護<rt>かいご</rt></ruby>に<ruby>携<rt>たずさ</rt></ruby>わる
<ruby>家族<rt>かぞく</rt></ruby>・<ruby>介護者<rt>かいごしゃ</rt></ruby>のためのストレス・ケア
<ruby>認知行動療法<rt>にんちこうどうりょうほう</rt></ruby>のテクニック

2019 年 9 月 1 日 印刷
2019 年 9 月 10 日 発行

著　者　田島美幸・藤澤大介・石川博康

発行者　立石正信

印刷・製本　三美印刷

発行所　株式会社 金剛出版

〒 112-0005　東京都文京区水道 1-5-16
電話 03-3815-6661　振替 00120-6-34848

ISBN978-4-7724-1709-9　C3011　　　　　　　　　　Printed in Japan ©2019

JCOPY 〈(社) 出版者著作権管理機構 委託出版物〉
本書の無断複製は著作権法上での例外を除き禁じられています。複製される場合は，その
つど事前に，出版者著作権管理機構（電話 03-5244-5088，FAX 03-5244-5089，e-mail: info@
jcopy.or.jp）の許諾を得てください。

好評既刊

Ψ金剛出版　〒112-0005　東京都文京区水道1-5-16　Tel. 03-3815-6661　Fax. 03-3818-6848
e-mail eigyo@kongoshuppan.co.jp　URL http://kongoshuppan.co.jp/

専門医が語る認知症ガイドブック
［著］池田健　小阪憲司

レビー小体病の発見者・小阪憲司が認知症全般を縦横無尽に語った対談から，臨床的アプローチのわかりやすい解説まで，すべての認知症スタッフ必携の書！　認知症を基礎から学ぶための「第1部－対談」，認知症の歴史や認知症の基礎概念を学ぶ「第2部－認知症を理解する」，治療において重要な診断や薬物を知る「第3部－認知症の診断・検査・薬物治療」，薬物療法に劣らず大切なアプローチを習得する「第4部－認知症の非薬物療法的アプローチ」へ。「レビー小体型認知症の診断・治療ができる専門医師一覧」，認知症の基本をイラストつきで楽しく復習できる「認知症カルタ」の付録をつけて，認知症の知識がしっかり身につく工夫が満載。　　　　　本体3,200円＋税

うつ病治療ハンドブック
診療のコツ
［編］大野裕

うつ病は原因も病像も多様で，再発したり慢性化したりすることのある精神疾患である。患者本人やその家族の苦しみは大きく，そのため，早期発見や早期介入，症状が改善した後の社会復帰の仕組みが徐々に整えられつつある。本書では中間領域である「治療そのもの」の改善を目指し，「臨床的知見」や治療のこつについて詳しく述べる。単に教科書的な知識を並べるのではなく，第一線で活躍されている臨床家の方々の，日々，現場で工夫されていることが記述の中心となっている。日常臨床でうつ病の治療に難渋したときに役に立つコンパクトなハンドブックである。　　　　　本体4,600円＋税

精神疾患診断のエッセンス
DSM-5の上手な使い方
［著］アレン・フランセス　［訳］大野裕　中川敦夫　柳沢圭子

DSM-5に定義された診断基準は非常に役立つものであるが，バイブルのように使うのではなく，患者の役に立つように柔軟に活用する必要がある。本書は，各精神疾患のスクリーニングのための質問例と診断典型例の簡潔な記述から始まる。各疾患の本質を捉えやすくするために診断典型例を挙げ，より記憶に留められるような工夫がなされている。典型症例の記述に続いて，筆者が長年にわたり行ってきた診療，DSMの作成にかかわってきた経験を踏まえ，包括的な鑑別診断を示し，除外すべき状態や「各診断のコツ」も明示している。　　　　　本体3,200円＋税